MARIE JENNA

PAR

Paul LALLEMAND

Prêtre de l'Oratoire

Docteur ès-Lettres, Professeur à Juilly

PARIS

LIBRAIRIE RETAUX-BRAY

82, RUE BONAPARTE, 82

1889

MARIE JENNA

PAR

Paul LALLEMAND

Prêtre de l'Oratoire

Docteur ès-Lettres, Professeur à Juilly

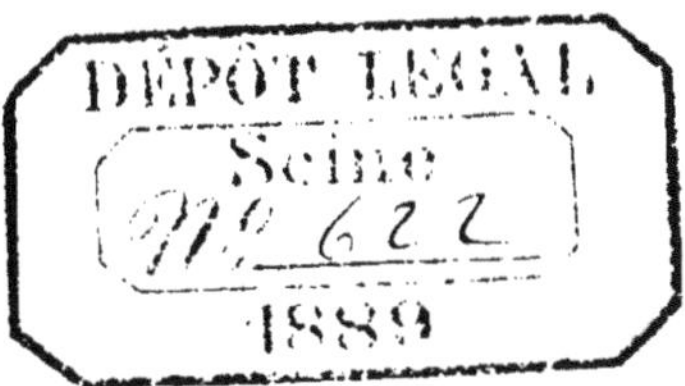

PARIS

LIBRAIRIE RETAUX-BRAY

82, RUE BONAPARTE, 82

1889

MARIE JENNA

Mesdames,
Messieurs (1),

La poésie personnelle n'a jamais été plus florissante qu'au dix-neuvième siècle. Ebranlée par les événements si graves qui en remplissent la première moitié, l'âme française a traduit au dehors toutes les émotions qui l'agitaient par la bouche éloquente de Lamartine, de Victor Hugo, de Musset; puis, plus tard, par les lèvres harmonieuses, elles aussi, de Brizeux, de Laprade et d'Autran. Dans ce concert lyrique, d'une richesse d'harmonie si vaste, d'une souplesse de tons si variée, les femmes tiennent leur partie avec honneur. Ne vibrent-elles pas à des impressions qui

---

(1) Conférence faite au Cercle catholique du Luxembourg, le 18 décembre 1888.

passent inaperçues pour l'homme ? Leur sensibilité, plus subtile, plus affinée que la sienne, ne trouve-t-elle point, pour se dire, des notes plus délicates et plus expressives ? Nul n'oublie les noms de Delphine Gay, de Mme Desbordes-Valmore et de Mme Ackerman.

Je voudrais vous entretenir aujourd'hui d'une autre femme poète, que son inspiration toute religieuse a fait nommer la *Muse chrétienne*, Marie Jenna. Ses vers forment plusieurs volumes. Comme prosateur, elle laisse des pensées et un livre de critique. Les lettres qu'a publiées d'elle M. Lacointa ont révélé son âme entière. En puisant à ces sources diverses, j'essaierai, à mon tour, de dire ce que fut Marie Jenna. Après avoir rapidement esquissé sa vie intime (car celle du dehors resta calme et sans aucune agitation), je vous parlerai de ses poésies.

I

Ce fut en 1864 que parurent les *Élévations poétiques et religieuses*, sous le gracieux pseudonyme de Marie Jenna... Le volume fut accueilli avec succès. Marie Jenna, ou autrement, de son vrai nom, Céline Renard, avait alors trente ans. Elle était née à Bourbonne-les-Bains, dans une famille où la formation intellectuelle s'unissait aux traditions d'une foi sincère et vivante. Son père, avocat à la Cour de Cassation, était bien l'un de ces magistrats d'autrefois, chez qui le culte de l'honneur et le souci de la dignité se rehaussaient par les habitudes d'une forte culture littéraire : il savait écrire, et il écrivit plusieurs pièces de théâtre qui n'affrontèrent jamais la scène, mais qui attestent des goûts élevés et une certaine entente de l'art dramatique. Sa mère la berça au chant des vers et des romances qu'elle composait elle-même. Céline Renard avait huit ans, lorsqu'elle perdit cette mère qui avait comme pressenti la future destinée de sa fille, et qui, trop tôt, s'en allait, sans pouvoir mener à bout l'éducation de ses quatre enfants.

Celle de Marie Jenna, — nous ne l'appellerons plus que de ce nom, — se fit à une triple école : la Religion, la Nature, la Souffrance, et l'on peut dire que cette éducation dura toute sa vie. La foi catholique pénétra dans son âme et elle l'envahit toute ; non pas seulement la foi de pensée, qui apaise les doutes et satisfait les exigences de la raison, lorsqu'elle sonde les problèmes redoutables de nos rapports avec Dieu ; mais cette foi cordiale, chaude et enthousiaste, qui met l'âme dans une sorte d'extase, de telle sorte qu'elle n'est plus seulement une *croyante*, mais une *voyante*.

Nulle inquiétude n'a jamais troublé Marie Jenna en possession de cette foi si solide et si pleine... C'est que la plante divine avait jeté ses racines jusqu'aux plus lointaines profondeurs de l'être intellectuel et moral ; elle montait, robuste et puissante, sans connaître les ouragans qui passent çà et là, même chez les natures féminines, en brisant les arbres les plus vigoureux et les plus hauts. Entre Marie Jenna et les données de la religion catholique, il y a harmonie ; elle en perçoit la lumineuse et fortifiante clarté ; elle en saisit les charmes mystérieux ; elle en comprend les sublimes et toujours jeunes beautés. Les cérémonies du culte lui apportaient des émotions ineffaçables : « O belles fêtes de mon enfance, s'est-elle écriée, je ne vous oublierai point ; et quand même j'aurais perdu ce que j'avais alors, jeunesse, santé, toit paternel, c'est sans tristesse que je vous évoquerai ; car pour le chrétien, le souvenir d'une joie passagère est toujours l'espérance d'une joie immortelle... Qu'il est doux de retrouver tous ses souvenirs d'enfance dans un son, dans une fleur, dans un parfum ! Toutes mes nuits de Noël sont dans l'*Adeste fideles*, toutes mes joies de printemps dans une rose blanche. » Elle tenait à adresser, la veille de Noël, ses vœux aux amis les plus chers. L'assistance à la messe de minuit fut l'une de ses joies privilégiées : « Jamais je n'y a manqué, écrivait-elle le 12 janvier 1883, pas même l'année où nous sommes revenus par vingt-deux degrés de froid... C'est l'âme encore toute parfumée des joies de Noël que je viens écrire. O petit enfant de Bethléem, quel bonheur d'être né après vous ! Les prophètes avaient bien dit que vous seriez plein de douceur et de force et le plus beau des enfants des hommes. Mais qui donc aurait pu savoir à l'avance que vous seriez revêtu d'un charme si ineffable, que vous diriez de si douces paroles, qu'il ferait si bon penser à vous ? Qui aurait pu comprendre ce que c'est qu'un Dieu fait homme ? »

Dans sa correspondance, on voit comme aucun des anniversaires chrétiens ne passait infécond pour sa piété. Elle suit, dans son évolution divine, l'année liturgique qui ramène des dates consacrées, et évoque les plus saints et les plus beaux souvenirs. La source de ces effusions est cachée et intarissable, au fond de son cœur. Marie Jenna n'était pas qu'une croyante : elle aimait Dieu et Jésus-Christ.

Elle a trahi son doux secret dans une page émue qu'elle intitule l'*Hymne du retour à Dieu*, et où on lit cette strophe vrai cri d'une tendresse que rien n'a pu entamer :

Prends ma vie, ô Jésus ! fais qu'elle t'appartienne,
Et s'use devant toi comme un cierge allumé.
Mets mon front sur ton sein, mets ma main dans la tienne,
O toi qui m'as aimé !

Pour la conduire dans cette voie qui mène à la perfection et au véritable amour de Dieu, elle avait un guide expert dans l'art de bien manier les âmes, le P. Benoit-Marie, et elle était digne d'une telle direction. Sa piété n'avait rien de particulariste. Elle écrivait : « Dites à M. Ch. Marie, qu'il loue trop Marie Jenna. Un cœur d'apôtre !... Ah ! que je le voudrais ! Il est vrai que je ne saurais comprendre la piété égoïste, que j'ai soif pour mes frères de piété et d'amour ; qu'une belle âme à sauver me semble l'attrait le plus puissant pour enflammer un cœur chrétien ! Mais où sont mes œuvres ?... Est-ce assez d'avoir chanté ? » De sa solitude, partagée avec ses sœurs, et d'ou elle ne sortait que rarement, elle suivait, attentive, le combat engagé entre l'Eglise et le monde. Elle priait pour tous les intérêts catholiques menacés ; elle élargissait sa sympathie et sa piété assez grandes pour embrasser toutes les causes vaillamment défendues par les grands chrétiens qui ont été l'honneur de notre temps. Chevaleresque dans son intrépidité, passionnée dans son dévouement, elle va, par un mouvement spontané, à tous ceux qu'anime le besoin de se sacrifier à une idée catholique. Les voir est une de ses meilleures joies. Elle raconte ainsi sa visite à Mgr Dupanloup : « Après la messe, qu'il célèbre lentement, lui qu'on dit vif comme la poudre, un domestique nous invite à monter au salon, où nous attendons, bien émues, le grand évêque. Je suis encore toute étonnée de lui, tant il est différent de ce que je m'imaginais. Rien absolument que la bonté n'a paru en sa personne ; nous lui exprimions notre reconnaissance, notre joie de le voir, notre admiration pour ses écrits ; il nous laissait dire, répondant seulement quelques mots, paraissant heureux et touché. On aurait dit un bon curé. Dans un moment plein d'effusion, il saisit le bras de mon père comme s'il avait été son ami de tous les jours : puis il nous bénit tout paternellement. »

En ce même jour, Marie Jenna visita un familier de Mgr Dupanloup et qui porte, lui aussi, un nom caressé par un rayon de gloire. « Le lendemain, nous avons vu M. l'abbé Bougaud, son vicaire, l'auteur éloquent de la *Vie de sainte Chantal* et de *Sainte Monique*. C'est l'homme le plus affable qu'on puisse voir ».

Vous ne m'en voudrez pas, Mesdames, si, m'unissant à la chère morte, j'adresse, moi aussi, mon hommage à ces deux évêques que la mort vient de réunir, après l'union d'une forte amitié qui les avait liés sur la terre ; l'un, initiateur puissant, batailleur vaillant jusqu'à la témérité, lutteur infatigable pour l'Eglise et pour la France, et allumeur d'âmes par sa parole et par ses écrits ; — l'autre, mystique consolant, historien des saints et des saintes qu'il offrait à notre imitation, dans une lumière si douce, si humaine et si miséricordieuse ; apologiste épris de son temps, qu'il voulait guérir et sauver en lui montrant le salut et la paix dans l'intelligence et dans l'amour du Christ Jésus ! Dupanloup, Bougaud... Qui de vous, Mesdames, ne leur doit des heures exquises et de pieuses larmes ?

Marie Jenna aimait aussi Lacordaire : « Vive le P. Lacordaire, s'écrie-t-elle ! sa parole qui électrise, nous mène à Dieu : il a cru, il a aimé ».

Comme elle se réjouissait des triomphes

de l'Eglise, remportés par ses intrépides soldats, elle peinait aussi en songeant à tout ce qui amoindrissait l'influence religieuse ou diminuait son prestige... Pendant le Concile, elle écrit à Roumanille : « Vous voudriez voir s'embrasser Louis Veuillot, Mgr Dupanloup, le P. Gratry, Mgr Deschamps ? Ah ! le beau jour aussi pour votre sœur Marie que le jour de ce baiser-là ! Viendra-t-il ? Je souffre du scandale donné aux ennemis de la foi, un scandale de joie, le plus triste. Je souffre dans mes admirations, dans mes affections ; j'en ai dans les deux camps. Parmi les écrivains catholiques, deux m'ont paru éloquents entre tous; deux m'ont fait battre le cœur plus fort que les autres, Mgr Dupanloup et Louis Veuillot. C'est vous donner, je pense, la mesure de mes douleurs. Ils sont si bien séparés que peu de catholiques, je crois, savent les unir dans leur cœur. Moi, qui leur dois de si beaux moments, moi qui ai senti vibrer les plus belles cordes de ces deux âmes-là, je n'ai su chasser du mien ni l'un ni l'autre. Malgré tout, je suis encore à tous les deux parce que tous les deux sont au Christ. »

Le vœu de Marie Jenna est exaucé : le polémiste redoutable, doublé d'un poète si sincère, le prosateur incomparable s'est rencontré, là-haut, avec l'évêque d'Orléans... Ils ont fait la paix !..... Mais ce n'est qu'au Ciel qu'on voit ces choses-là !...

En même temps qu'elle s'illuminait des clartés de la foi, Marie Jenna se façonnait, comme poète, aux leçons de la Nature.

Enfant, elle fut amenée de Paris dans un ancien domaine, le château de Montmorency, maison seigneuriale du quinzième siècle, entourée d'un vaste jardin, que prolonge une promenade ombreuse, dessinée par Le Nôtre. Là, elle a grandi ; là, elle a vécu, et c'est là qu'elle est morte.

De bonne heure, elle est émue par le spectacle changeant des jours et des saisons. D'instinct, elle sent, dans les êtres inanimés qui l'entourent, comme autant de témoins non indifférents à ses douleurs et à ses joies. Car si la Nature tient une si grande place dans notre vie cordiale, c'est que nous lui prêtons nos émotions. D'elle-même, elle voit, sans nul souci, nos larmes ou nos rires, leur donnant pour théâtre, avec une égale sérénité, ses cieux d'azur ou enténébrés, ses plaines fleuries ou stérilement mornes. Et d'où vient donc que nous nous retournons vers elle avec une obstination jamais lassée ? C'est que la

Nature est un voile d'une incomparable beauté, derrière lequel nous sentons Dieu.

Marie Jenna, en aimant la Nature, mettait d'accord les appels de sa Muse et les invites de sa Foi : dans l'œuvre, elle reconnaissait et adorait le divin Ouvrier. Je la laisse parler encore ; elle décrit ainsi les environs de Bourbonne : « Point de ces beautés grandioses ou sauvages qui étonnent le regard, mais un charme qui le séduit et le captive ; une culture variée qui mélange harmonieusement toutes les nuances ; des coteaux portant avec plus de grâce que de fierté leur couronne d'arbres ; de jolies routes serpentant dans la plaine, grimpant sur les pentes et se perdant dans les bois. Si nous avions une belle rivière avec cela, une rivière transparente où se joueraient les poissons, où le soleil jetterait ses nappes de lumière, oh ! que nous manquerait-il alors ?... Je n'aimerais pas à habiter ces contrées dont les montagnes se dressent à l'horizon. Il me faudrait être au sommet pour respirer à l'aise, et il me semble qu'un grand ciel bleu sur des collines est le plus joli ordinaire que la Nature puisse nous donner. »

De ces horizons d'enfance, calmes et doux, elle emporte avec elle le souvenir dans les voyages qu'elle fait à la mer, aux Pyrénées, en Bretagne. « Les premiers paysages qui nous ont ravis, écrivait-elle, conservent un charme à part ; ils sont pour nous plus éloquents que tous les autres. L'homme qui dédaignerait son pays natal, ne sera jamais poète. »

Oui, c'est à ceux-là qu'on mesure les autres.

Quelle reconnaissance on voue à ce ciel qui abrita notre berceau, à ces forêts qui ont vu nos ivresses d'enfants, à ces ruisseaux dont les bords ont été les témoins de nos premières émotions, lorsque notre œil s'éveillait avec l'intelligence, dans ce printemps d'âme si pur et si tôt évanoui !

Une troisième maîtresse acheva d'instruire et de former Marie Jenna : la Souffrance. Une infirmité précoce lui rendit la marche difficile et, avec les années, les douleurs augmentèrent. Elle ne se révolta jamais. Dans la main qui faisait peser sur elle le lourd fardeau de l'épreuve physique, elle vénérait la main du Père céleste. Dieu, qui s'y connaît, n'a pas voulu laisser à l'homme le privilège de souffrir tout seul : il s'est revêtu de l'humanité pour pouvoir souffrir ; et, depuis lors, la douleur a changé d'aspect. Elle a eu non seulement ses résignés, mais encore ses amants passionnés. Et la douleur nous fait grands : elle brise les parois étroites où notre égoïsme voudrait nous emprisonner; elle élargit notre tendresse ; elle nous met dans l'extase, je veux dire, hors de nous, hors de notre *moi* si mesquin, si faiblement puéril, si porté à grossir tout ce qui le touche, de telle façon que les événements les plus vulgaires prennent des proportions qui lui cachent le reste du monde.

Marie Jenna avait compris le beau rôle de la douleur dans la vie humaine : « Je me sens, dit-elle, bien fort attirée vers les âmes qui ont beaucoup souffert. Elles ont des attendrissements, des profondeurs, des élans vers l'infini que n'ont point les autres. »

Son âme, sollicitée sans cesse vers les atmosphères supérieures, avait à lutter contre un corps accablant de pesanteur... La mort lui apparaissait donc comme une délivrance... En 1884, elle le dit en toute simplicité : « De plus en plus, j'aspire à la mort qui nous délivre. Un de ces tristes jours que j'étais couchée dans ma chambre d'hôtel, j'entendis comme de loin une sonnerie mortuaire, si claire, si calme, si douce ! Il me semblait voir, dans un sentier fleuri, un cercueil porté par les anges. Cela dura longtemps, longtemps, et c'est la seule impression douce que j'aie reçue dans cette petite chambre. »

Le 19 février 1887, elle écrivait pour la dernière fois à sa plus chère amie : « Oui, je me sens bien malade, et parfois je me plais à penser que Dieu va m'appeler à lui; mais mes sœurs me défendent de dire cela pendant que tant d'amis demandent ma guérison.

Maintenant mon état s'aggrave de jour en jour : je souffre de partout ; la gorge et la bouche sont desséchées, pleines d'amertume, et je ne puis boire sans éprouver les plus vives souffrances. C'est être sur la croix, n'est-ce pas, ma perle ?

Les nuits n'ont guère de sommeil, et j'y ressens d'étranges choses. Il me semble que ma vie s'en va ; cette nuit, je croyais qu'il était temps de recevoir les derniers sacrements, et ce matin, me retrouvant plus vivante, il m'en coûtait d'échanger contre la perspective de longues douleurs la prochaine rencontre de Dieu. Demandez donc pour moi l'abandon parfait, ma chérie ; que je souffre comme vous souffrez ! Vous me parlez encore délicieusement des *Pensées d'une croyante* ; je suis heureuse que ce petit livre puisse être un agréable compagnon pour votre amie, qui vient de perdre celui de toute sa vie.

« Soutenons-nous donc mutuellement sur le chemin du Calvaire, qui sera pour nous toutes, je l'espère, le chemin du ciel. »

« Votre pauvre Jenna. »

Sa mort fut douce, entourée des consolations de la foi et des tendresses de ses sœurs. — Ecoutons son biographe, M. Lacointa :

« La journée du 1er mars fut pénible et silencieuse ; Marie Jenna put cependant adresser quelques paroles affectueuses à sa famille et à une tendre amie... sa respiration devint plus courte ; dans la soirée, à sept heures, on l'entendit prononcer ces mots : « Je meurs !... » Elle approchait du port vers lequel on sentait que son âme se hâtait : surnaturel attrait dont sa mère mourante s'était, elle aussi, montrée possédée, alors que, questionnée sur ce qu'elle cherchait en agitant une main déjà glacée, elle avait répondu : le ciel !

La famille assemblée, le ministre de Dieu récita les suprêmes invocations ; l'agonie fut calme, comme la maladie l'avait été ; vers neuf heures et demie, Marie Jenna expira, sans que l'on eût pu surprendre sur ses lèvres le dernier soupir. Sa belle âme entra dans le monde invisible qu'elle avait si ardemment convoité »...

De sa Thébaïde, Marie Jenna s'est fait

connaître et aimer. Elle obtint le succès ; et, disait-elle « c'est légitime de désirer le succès quand on n'a chanté que Dieu, les âmes et la nature ».

Discrète et voilée, sa renommée s'est répandue à travers la France chrétienne et lui a conquis des suffrages précieux et de nobles amitiés. Aubanel, Roumanille, Mistral la saluent et l'aiment comme une égale. M. de Pontmartin, Mgr Mermillod, Mgr Perraud, M. Henri Lasserre, M. Trébutien l'encouragent et la louent avec une sincérité et une élévation très rares dans l'éloge. Elle vivait en outre dans un commerce intime avec les poètes morts, avec les écrivains disparus, avec les saints et les saintes qui ont consolé et édifié l'humanité. Lamartine, Musset, Brizeux, V. Hugo, le P. Gratry l'entourent de leur souvenir ; et elle s'enchante dans leur pensée ; elle a noué surtout une relation plus cordiale avec Eugénie de Guérin, avec Marie Edmée, la Lorraine exquise, l'historien suave et pénétrant de Jeanne d'Arc qu'elle appelle, dans une inspiration heureuse, « notre sœur aînée »... Ecoutez cet hymne brillant, cette invocation ailée aux belles âmes, à celles, comme elle le dit si bien, qu'a « emportées un même élan vers les rivages de l'éternité ».

« O vous qui, en vivant sur la terre, avez vécu plus haut que la terre !

« Vous qui avez aimé les montagnes plus que les plaines, et les arbres plus que les fleurs !

« Vous qui avez compris les harmonies de la nature, et qui avez vu Dieu au milieu de ces harmonies !

« Vous qui n'avez pas cru que la destinée de l'homme fût circonscrite ici-bas, et qu'il dût vivre comme l'animal qui broute l'herbe des champs sans lever la tête pour voir le ciel !

« O vous qui savez que chaque être est un mot sorti de la bouche de Dieu !

« O vous qui avez pris en pitié les vaines querelles des hommes et leurs stériles agitations !

« O vous qui avez tressailli chaque fois que le beau se révélait à vous, chaque fois que le soleil se levait brillant à l'horizon, chaque fois qu'une belle âme humaine avait su s'exprimer !

« O vous qui aimiez la sereine majesté de la nuit, et qui jetiez votre pensée plus haut que les mondes de l'espace !

« O vous qui avez pleuré d'enthousiasme !

« O vous qui vous sentiez brûler par un feu intérieur !

« O vous qui avez consacré toute votre

vie à une grande pensée et à un grand amour !

« Je suis des vôtres! reconnaissez-moi ! aimez-moi ! Je vous comprends et je vous aime! »

Marie Jenna était de cette famille d'esprits et de cœurs d'élite : la lecture de ses œuvres nous le prouvera.

II

Poète, Marie Jenna l'est, et dans le plein sens du mot. Dès le tout jeune âge, — à six ans — elle frissonne au premier murmure de l'appel poétique, en lisant les *Adieux de Gilbert mourant*. Elevée en face des champs et des bois, de bonne heure elle entendit ces mille voix qui ravissent les âmes délicates, et auxquelles demeurent fermées les oreilles vulgaires. Surtout, elle comprit la sublime beauté du catholicisme. Clos à tout autre amour, son cœur ne s'ouvrit que pour le Dieu de l'Evangile. Sous des influences si diverses, peu à peu, son talent de poète grandit. Au commerce de Lamartine, de Musset et de Victor Hugo, il s'affermit; il prend de lui-même une possession plus sûre.

Puis, Marie Jenna chante. C'est la *Revue d'économie chrétienne* qui a les primeurs de sa muse. En 1864, paraît le premier volume des *Elévations*. Depuis lors, Marie Jenna n'a cessé de publier des compositions, soit en vers, soit en prose. Ce qui frappe d'abord, c'est la forte conviction religieuse dont vit son talent. La poésie, pour Marie Jenna, devient comme un sacerdoce aux vertus austères. Sa voix ne monte que vers Dieu ; ou, si elle descend sur la terre, c'est pour se faire l'écho des bruits lointains et doux qu'elle a recueillis dans son haut vol au pays des choses éternelles. Femme, elle vibre à toutes les émotions dont tressaillent les femmes. L'amour est la seule passion qui ne jette pas son cri ardent ou troublant dans les cantiques de Marie Jenna. Çà et là, dans un soupir à demi étouffé, — *la Fin d'un rêve*, *Sacrifice*, *Plainte à Dieu*, *la Plus grande douleur*, — on devine qu'un rêve a été ébauché. Jamais pourtant les souffles chauds ne passent sur le champ frais et pur où le poète cueille ses plus belles fleurs. Tout est sobre, grave, recueilli. Le psalmiste ne monte sa lyre que pour les grandes idées, les sentiments nobles et fiers. Nulle tache, même légère, ne ternit le plumage du cygne à l'éclatante blancheur. On pourrait craindre la monotonie dans une œuvre aussi sévère. Mais l'âme qui croit et qui aime Dieu n'habite-t-elle pas des domaines infinis ? Est-ce que l'on peut jamais se heurter à des limites dans l'expression des sentiments dont la source est au cœur, lorsque la foi avec toutes ses fiertés, l'espérance avec ses énergies royales, l'amour avec ses libres tendresses, avivent la pensée, soutiennent le génie, lui offrant un aliment inépuisable et toujours nouveau? Dans les *Elévations poétiques et religieuses*, Marie Jenna, sur un thème d'une inspiration égale, jette des variations qui traduisent les mille aspects d'une âme pieuse.

Elle-même, vous l'avez entendue, déclare qu'elle n'a chanté que la *Nature*, *Dieu* et *l'Ame*.

La nature ! nous avons vu comme elle en comprenait le mystérieux langage, et quelles ivresses lui procurait le spectacle varié des choses... C'est là aussi une conquête nouvelle de la poésie moderne. Jusqu'à Chateaubriand, les vers sont restés fermés, ou à peu près, aux tableaux mobiles de l'univers extérieur, et, volontairement, parce que l'attention se concentrait sur l'homme moral, on se privait des jaillissements de cette veine féconde qui s'appelle l'amour intelligent de la nature.

Lamartine fut le premier à entendre le concert immense du ciel et de la terre, et, par sa voix caressante et infatigable, il les fit chanter leur hymne à Dieu... Mais Lamartine s'absorbe trop au sein de cette nature : la description le saisit trop et l'entraîne trop loin ; et il oublie le tableau, — l'homme, avec ses passions — pour le cadre charmant qui le ravit.

Hugo salue dans la nature la compagne de l'homme ; parfums, harmonies, couleurs, il la respire, il l'entend, il la voit. — Dirai-je que, lui aussi, il se complaît trop dans les larges développements de cette peinture, et que, trop souvent, il use de la description comme d'une mine très riche où il prend l'or de ses images et les pierreries de ses éblouissantes épithètes ?

Encore que Marie Jenna ait subi l'influence de Lamartine, elle a, pour décrire la nature, des traits sobres, mais expressifs. Elle ne s'attarde pas complaisamment dans l'étalage opulent des richesses qu'elle présente. Son crayon dessine les aspects les plus saisissants ; elle laisse à l'imagination le soin de compléter ce qu'elle ébauche, et ceci devient du grand art. Car, de nous associer dans l'œuvre idéale qu'elle conçoit, c'est nous intéresser dans ce qu'il y a de plus vivace en nous : l'illusion de nous croire créateurs et poètes nous-mêmes.

Quelle fine aquarelle s'offre à nous dans la poésie intitulée : *En hiver*, et quel profond sentiment de la beauté impérissable de la nature !

Non, je ne savais pas que tu pouvais, nature,
Au soir de ton été, détacher ta ceinture,
Déposer ton manteau tissé des mains de Dieu,
Eteindre ton soleil et voiler ton ciel bleu ;
Laisser tes rameaux verts, à l'heure où le vent passe
Pâlir et s'affaisser sous un souffle de glace ;
Effacer sur les murs tes festons gracieux,
Comme au bruit du matin s'efface un songe heureux ;
Puis, sans fleur qui parfume et sans rayon qui dore,
Sans herbe dans le pré, sans rossignol au bois,
Sans nids, sans fruits dorés, sans ombrage et sans voix,
Etre si belle encore !

Marie Jenna ne sépare point l'idée chrétienne des scènes gracieuses qui agréent à sa muse. L'*au-delà* plane sur les horizons terrestres qui la charment. En voici des preuves :

AU BORD DU BOIS

L'air est pur, l'oiseau chante, et le bois est doré.
On dirait aujourd'hui que ce monde, éclairé
Par un rayon tombé des plages infinies,
De tous côtés déborde en saintes harmonies.
Partout des nids joyeux, des souffles odorants ;
De l'azur sur nos fronts, des dômes transparents,

Et, sous nos pieds, des fleurs et de vertes fourrures !
L'homme, de ces beautés, ces parfums, ces murmures,
De tous ces bruits charmants qui passent tour à tour,
En son cœur dilaté fait un hymne d'amour.
Vis-à-vis les coteaux que le soleil éclaire,
Des bois silencieux ainsi qu'un sanctuaire,
Fermés à ses rayons, dans l'ombre sont assis.
Le regard enivré court et flotte indécis
Du charme des splendeurs aux charmes du mystère...
Et ce n'est que la terre !

D'un coup d'aile, l'âme du poète monte jusqu'au ciel. Il en va de même dans cette autre pièce, *La Route* :

Ce qui fait que je rêve ici de longues heures,
Ce n'est pas le feuillage où mugissent les vents,
Ni les dômes lointains, fastueuses demeures,
Où sont couchés les morts, où passent les vivants.

C'est ce petit chemin qui sillonne la plaine
Et grimpe la colline et se perd dans le bois.
Un invincible attrait sans cesse m'y ramène :
Où va-t-il? A le suivre, il ferait bon, je crois.

O ruban qui fascine, ô route que prolonge
Cet œil intérieur qui n'a pas d'horizon ;
Vague et douce promesse où le rêve se plonge,
Sentiers, chemins perdus, tapissés de gazon ;

D'où vient donc que sur vous notre regard s'attache,
Et qu'aurons-nous au loin qui ne soit point ici ?
Où sont ces paradis que l'horizon nous cache,
Et quel charme inconnu fait qu'on vous aime ainsi ?

— C'est que l'œil est avide et que l'âme est profonde;
C'est que rien n'est si beau que ce qu'elle a rêvé.
C'est que l'homme ici-bas s'en va cherchant un monde,
Et depuis six mille ans jamais ne l'a trouvé.

Dans ce cantique encore, le talent descriptif de Marie Jenna rehausse admirablement le sentiment chrétien :

Seigneur, vous avez fait des merveilles sans nombre,
Les champs et les forêts sous les grands horizons,
Les vallons, les sommets teints de lumière et d'ombre,
Les mobiles saisons.

Vous avez fait d'azur une voûte sereine
Qui repose les yeux sans borner l'infini ;
Vous avez embaumé les sentiers de la plaine :
Seigneur, soyez béni !

Vous avez fait les eaux, miroir où tout s'imprime,
Rivière qui murmure ou torrent qui mugit,
Vous avez fait les flots dont la fureur sublime
Epouvante et ravit.

Vous avez fait l'épi, vous avez fait la rose
Et l'oiseau, roi léger du monde aérien ;
Vous avez fait, Seigneur, une plus belle chose :
Une âme de chrétien !

N'est-ce pas qu'en toute réalité la Nature a été pour Marie Jenna un grand livre écrit par Dieu avec des rayons et des couleurs, dans lequel elle a médité, trouvant, sous les lettres qui le composent, l'artiste éternel, le Maître adoré et tout-puissant, Dieu ?

Plus que la Nature, la Foi a été l'inspiratrice des plus beaux vers de notre poète. Volontiers, je la comparerais à Pascal.

Après avoir souffert des inquiétudes de son âme, ballottée par la passion et par l'incertitude, Pascal s'apaise dans la sérénité d'une croyance qui remplit son cœur de joie et son esprit de clarté. Il n'a plus qu'un désir : montrer aux autres âmes endolories le port assuré de la paix intérieure. Et il se fait apôtre, au prosélytisme brûlant comme la flamme ; l'éloquence, la poésie jettent son génie dans des transports que nul écrivain n'a surpassés : et le dix-septième siècle se peut enorgueillir d'un chef-d'œuvre original, les *Pensées*. — C'est ce même sentiment qui fait poète Marie Jenna.

Elle le dit elle-même dans une page inédite : « Un jour que le ciel était pur, que la nature débordait de vie joyeuse et sereine, une enfant marchait au milieu de ces merveilles, et son cœur aussi débordait d'admiration et d'amour; elle sentit qu'elle aimait Dieu et les hommes comme elle ne les avait jamais aimés, et il y avait en elle, avec un grand bonheur, une grande souffrance; car il fallait renfermer dans sa poitrine une flamme qui la brulait... Son bonheur, son amour, elle ne savait pas les dire. Elle eût voulu se pencher vers chacune des âmes de ses frères, et, dans une chaleureuse étreinte, lui donner un rayon de la lumière qui venait de tomber sur elle, et avec un impétueux désir elle demandait à Dieu une voix pour s'exprimer.

« Cette voix, Dieu voulut bien la lui donner.

« Vous qui avez lu ce livre jusqu'à cette page où elle vous attend, laissez-la vous dire un dernier mot qui sera toute son âme.

« Si la vôtre, incertaine encore, cherche la paix et le bonheur, mon frère, je vous le jure, vous ne les trouverez jamais qu'aux pieds de Notre-Seigneur Jésus-Christ. »

L'hymne aimant s'envole de ses lèvres, ave une allégresse intrépide, dans le morceau intitulé *Aux faux docteurs* :

O Christ, ô Rédempteur ! la terre te salue !
Elle jette à tes pieds son cœur et sa raison.
Ecoute les accents de sa prière émue :
Reste à son horizon !

Lorsque tu descendis, lorsque, voilant ta gloire,
Tu lui dis que le ciel était las de punir,
Et que pour la sauver son Dieu venait mourir,
Souviens-toi qu'elle osa le croire !

Souviens-toi de son sang pour ton nom répandu,
Et de ses passions à tes pieds apaisées,
Des temples renversés, des idoles brisées,
Du long cri qui t'a répondu !

Si l'impiété rit de l'hymne qui t'adore,
Si de ses cris de haine elle veut le couvrir,
Regarde ! parmi nous tu peux compter encore
Ceux qui pour toi sauraient mourir.

Oh ! qu'importe le flot qu'un autre flot emporte ?
Le temps fuit : sous tes pieds tu vois passer son cours.
Comme un torrent l'orgueil monte et mugit. Qu'importe ?
Tu promis de rester toujours !

Dans ce cri de foi et d'amour, comme l'expression reste sobre et éloquente !

En réponse à ce blasphème, la *Vie de Jésus*, par M. Renan, elle écrit ces beaux vers, où l'indignation prend une allure vraiment lyrique, et où la vigueur s'allie à une émotion de tendresse dévouée et filiale :

O philosophe impie, ô lévite infidèle !
Sais-tu qu'il vient pour l'homme une heure solennelle
Où le jour à ses yeux retire sa clarté,
Où les choses d'en bas s'effacent et s'oublient,
Où les ailes du temps, craintives, se replient,
Devant l'éternité ?

Un jour, on l'entendra sonner dans la demeure.
Empressée ou tardive, elle viendra, cette heure !
Alors un poids glacé sur ton sein tombera :
Alors autour de toi des visions sans nombre
Ensemble s'abattront, et, tour à tour, leur ombre
Sur ton front passera.

Alors tu chercheras en vain dans ta mémoire,
Pour tromper ta frayeur, un écho de ta gloire ;
Tu n'entendras plus rien que de lugubres voix :
Vers ta couche funèbre, une étrange harmonie,
Des malédictions, des rires d'ironie
Monteront à la fois.

Tu verras si l'on peut secouer l'anathème
Comme on secoue un jour le signe du baptême ;
Si l'on sait oublier quand on a su trahir !
Tu sauras s'il est lourd, le poids d'une âme humaine,
Qui sur le grand chemin s'arrêtait incertaine,
Et qu'on a fait mourir !

Tu sauras s'il suffit pour apaiser la fièvre,
Ce breuvage d'orgueil offert à notre lèvre ;
Si l'on peut s'adorer sur le lit de la mort,
Si l'éclat d'un vain nom laisse une paix profonde,
S le bruit qu'on a fait en passant dans le monde
Console d'un remord !

. . . .

Ecoute cependant ! la Bonté que tu nies
Peut verser jusqu'à toi ses sources infinies.
Tes efforts n'ont point su les trahir, ô Docteur !
Peut-être que, voyant tes angoisses suprêmes,
Elle en aura pitié !... le Dieu que tu blasphèmes
Est encor ton Sauveur.

Si dans ta vision passe un front qui rayonne,
Si près de toi murmure une voix qui pardonne,
Si ta nuit s'illumine, et si tu sens l'appui
D'un bras plus doux encor que celui d'une mère,
Tressaille ! et, confiant, relève ta paupière :
Ce sera Lui !

Ne dirait-on pas que Marie Jenna a pressenti les dernières années du célèbre apostat ? Pour lui, le soir descend ; l'ombre s'épaissit. Et, des nombreuses confidences qu'il livre au public, que peut-on conclure ? C'est que M. Renan a peur de mourir ; c'est que la Mort ne devrait point être faite pour des écrivains et des savants tels que lui. La terreur de la fin l'envahit; la vision de la tombe l'obsède, et il ne se délivre de cette hantise funèbre qu'en évoquant les images sensuelles dont l'*Abbesse de Jouarre* témoigne la persistance, étrange chez un vieillard. Il a beau faire : oui, un jour viendra,

Où les choses d'en bas s'effacent et s'oublient,
Où les ailes du temps craintives se replient
Devant l'éternité.

Et à M. Renan j'appliquerais volontiers ces quelques lignes de M. Paul Bourget, si éloquentes dans leur sobriété grave et religieuse : « Quoi qu'on en ait..., il y a un arrière-fond ténébreux à l'existence et au cœur. L'obscure énigme, au contact de l'ennui, reparaît sur la pensée, comme les vieilles lettres des palimpsestes au contact d'un acide. On entend les pas, dans l'escalier, de la visiteuse devant qui s'ouvrent toutes les portes, et on se demande si l'on a bien employé sa vie, et dans quelles mains on tombera. » (1)

Le souffle poétique n'est pas moins fort dans l'ode que Marie Jenna adresse à Victor Hugo, qu'elle avait salué d'abord

---

(1) *Etudes et Portraits*, I. p, 20. Les belles pages abondent dans ce nouveau volume du jeune auteur, qui écrit toujours avec une sincérité d'âme si poignante.

comme « son maître après Dieu et la nature. »

Malheur ! il a pâli l'astre aux rayons de flamme !
Malheur ! il est tombé l'ange au vol radieux !
Et si bas qu'on frissonne en le suivant de l'âme
Dans cet abîme ténébreux !

Est-ce bien lui, mon Dieu, dont la France était fière,
Lui, phare étincelant au rivage allumé,
Urne versant à flots l'encens et la prière,
Lui ! lui que nous avons aimé ?

O poète égaré, qu'as-tu fait de ta lyre,
Mise au diapason du concert éternel,
Ta lyre qui faisait et pleurer et sourire,
Voix de la terre ou voix du ciel ?

. . . .

Oh ! que n'as-tu suivi depuis longtemps la feuille
Que l'automne en passant prend au rameau flétri !
Oh ! que n'es-tu tombé comme le fruit qu'on cueille,
Tout aussitôt qu'il a mûri !

Nous aurions vu de loin disparaître ta voile,
Ainsi qu'on voit descendre une vierge au tombeau ;
Et Dieu sur ton beau front eût retrouvé l'étoile
Qu'il a jetée à ton berceau.

Mais maintenant ta lèvre enseigne le blasphème,
Et l'amour se tarit où ton souffle a passé.
O poète ! ô chrétien ! de ton double baptême
Le double signe est effacé.

A ces lamentations qui sourdent des profondeurs d'une foi et d'un amour blessés, opposez cet hymne, où le regret se console par les certitudes éternelles

Henri Perreyve vient de mourir, pleuré de tous ; amis et ennemis se rencontrent dans le même hommage de sympathie et d'admiration rendu à sa jeune mémoire : Henri Perreyve, qui fut la fleur du printemps de l'Oratoire, et qui avait su conquérir Montalembert et Guizot, Ozanam et Cousin, Lacordaire et Gratry, et même se créer une place dans le cœur de ce prêtre, si peu accessible à tout ce qui n'était pas Dieu, l'austère P. Pététot ! Marie Jenna s'écrie :

Nous l'avons entendu, l'ange, le doux prophète,
Quand les éclairs tombaient de son regard serein,
Quand planait sur la foule attentive et muette
    Son front marqué d'un sceau divin ;

Quand ces nobles chrétiens, gloires de notre France,
Ces preux, ces vétérans des combats du Seigneur,
    Au feu de sa jeune éloquence
    Venaient réchauffer leur ardeur.

Alors il nous parlait de cette ère nouvelle
Qu'à l'horizon du monde appellent nos soupirs.
Alors on croyait voir, dans l'antique chapelle,
L'espérance, à sa voix, se mêler pure et belle
    Au cortège des souvenirs.

Et nous disions tout bas (car souvent l'âme rêve...) :
Si tels sont les rayons de l'astre qui se lève,
    Quel sera son midi ?
Qu'il sera beau cet aigle, à l'heure où ses deux ailes.
Aux sommets de la foi montant d'un vol hardi,
Jetteront les reflets de clartés éternelles
    A l'horizon grandi !

L'astre s'éteint, et le poète, devant cette tombe trop tôt ouverte, s'adresse à Dieu :

« Assez d'autres, Seigneur, assez de faux prophètes.
En passant après vous, défont ce que vous faites.
Ah ! du moins laissez-nous nos anges conducteurs !
Laissez-nous, par pitié ! les voix qui nous bénissent,

Les cœurs qui sont à nous, les mains qui nous guérissent !
Laissez-nous les consolateurs !

Ainsi nous gémissons, aveugles que nous sommes,
Comme si le Seigneur avait besoin des hommes
Pour faire parmi nous l'œuvre de son amour !
Sa main, dans les sentiers de la vigne éternelle,
Les guide tour à tour.

Il les suit du regard : puis sa voix les rappelle
Avant la fin du jour.

Et quand nous les pleurons, une tête inspirée
Se relève déjà sous l'onction sacrée.
Il ne fait qu'échanger ses dons mystérieux,
Et sans nous appauvrir il enrichit les cieux.

Son souffle tout-puissant, des cendres de la tombe,
Fait éclore un berceau.
Sur le vide laissé par un chêne qui tombe.
L'orme étend un rameau.

Mon Dieu, vous êtes riche ! insensé qui s'étonne
En vous voyant livrer tant de fleurs à l'automne,
Et tant de génie au tombeau !

Je ne saurais m'attarder davantage à travers ces beaux vers, toujours ailés dans leur vol vers les sommets, toujours naturels et simples dans leur expression.

Ces citations que j'ai faites ont dû montrer avec quelle facilité Marie Jenna abordait les variétés du genre lyrique, avec quelle souplesse elle se mouvait dans les caprices des strophes aux rythmes les plus délicats. Elles ont prouvé surtout quelles flammes brûlaient dans ce poète, chez qui la femme, loin de mourir, vivait avec une intensité très puissante : dans Marie Jenna, la femme avait élevé sa faculté d'aimer et de se dévouer jusqu'aux hauteurs sublimes de l'héroïsme et de la sainteté.

Nous l'allons retrouver, la femme, dans un autre volume intitulé : *Enfants et Mères.* — Avant Marie Jenna, — et c'est de toute justice de le rappeler — Victor Hugo s'était fait le chantre des *Enfants et des Mères.* Dans les *Feuilles d'automne*, dans les *Contemplations*, dans l'*Art d'être Grand-père,* c'est le charme de l'enfance qui saisit le grand poète. En prêtant son ciseau de Michel-Ange à ces bas-reliefs enfantins, Victor Hugo se fait novateur de génie, et il ajoute à sa gloire poétique le plus pur et le moins disputé de ses rayons. Dans ses nombreux volumes, les pages écrites pour l'enfant comptent parmi les plus belles et les plus neuves.

Mais son œil ne s'arrête qu'aux charmes naturels des chers petits êtres : si merveilleuse, si riche en couleurs fraîches et en impressions sincères qu'elle soit, sa poésie autour du berceau ou de « l'alcôve au soleil levant » ne dit point tout ce qu'est l'enfant baptisé. Les splendeurs royales dont Dieu l'environne par la renaissance chrétienne, tous les espoirs qui reposent dans cette âme frêle, toutes les grandeurs qu'elle porte en germe et qui, plus tard, se développeront dans un éternel progrès, Hugo ne les a jamais sentis ; et il ignore cette beauté idéale de l'enfant dont l'auréole couronne si bien la première, je veux dire, cette grâce naïve qui s'ignore. Marie Jenna, elle, dans l'enfant, voit et le jeune être que tous aiment et le chrétien. La délicatesse, dans ses *Enfantines*, ne fait point tort à la gravité des pensées. Fleurs, sourires, oiseaux, rêves charmants, si sa poésie évoque autour de l'enfance toutes ces choses gracieuses et ailées, pourtant ne sont-elles que comme un voile dont s'enveloppe une vérité : le sérieux de la vie, la pensée du devoir, les obligations qui lient aux parents, le respect dû à Dieu, la loi de la prière.

L'enfant apparaît : le voici dans ce berceau qui a été préparé par tant d'amour.

Sur lui Marie Jenna se penche ; elle surprend l'éveil de l'intelligence dans ce signe infaillible : le premier sourire. Car le sourire vraiment révèle l'homme ; les autres êtres gémissent ; ils connaissent les pleurs comme nous. L'homme est la seule créature qui sache sourire ; et, à ce jour, l'âme se dégage des limbes informes où elle gîsait. Ecoutez Marie Jenna :

Quand du petit enfant la pupille incertaine,
Se dégageant enfin des ombres de la nuit,
Commence à distinguer dans la clarté sereine
La forme de l'objet qui se meut et qui luit,

Des flambeaux allumés la lueur le fascine,
Du hochet qu'on agite il suit le mouvement :
Il aime le tapis que la pourpre enlumine,
Et semble à ce qu'il voit réfléchir gravement.

Mais voici que se penche un visage de femme...
Ce regard qui se voile et brille tour à tour,
Cette bouche qui parle, oh ! cela, c'est une âme !
C'est le rayon d'en haut, c'est la vie et l'amour.

Et le front sérieux doucement s'illumine :
Dans l'âme de l'enfant, ce regard, cette voix
Ont fait jaillir enfin l'étincelle divine,
Et la lèvre sourit pour la première fois.

Voici le pendant : les *Premières Larmes*, qu'un bon juge, Mgr Perraud, disait à l'auteur être « toute une révélation des tendres préférences inspirées par sa foi » :

Quoi, tu le sais déjà, ce langage des larmes!
Et ton hochet qui brille et ton cygne argenté
Ne te consolent pas... Quoi ! déjà de leurs charmes
Es-tu désenchanté ?

Pauvre petit enfant, tu ne saurais nous dire
Ce précoce tourment qui te fait soupirer,
A peine tu nous vois !... tu ne sais pas sourire.
Hélas! tu sais pleurer!

Oh ! qu'as-tu pressenti? qu'as-tu vu dans ton rêve,
Dis, pour que ta jeune âme ait déjà pu frémir ?
Qui donc t'a révélé qu'ici-bas tout fils d'Eve
Est venu pour souffrir?

L'homme, en ce pauvre monde, ô justice divine !
Pleure avant que sa lèvre ait dit son premier mot.
A peine un cœur y bat, que sa frêle poitrine
Se brise en un sanglot.

Et l'on dit : « Ce n'est rien! C'est un enfant qui pleure. »
Oh! ce n'est rien, mon Dieu ! c'est l'arrêt sans appel
Prononcé par vous même et qui pèse à toute heure
Sur chaque front mortel.

C'est l'éloquent sanglot d'une reine captive,
C'est le timide essai d'un long gémissement;
C'est un cri d'exilé : de son hymne plaintive
C'est le commencement.

« Ce n'est rien! » C'est ainsi que l'homme sur la terre
A force d'en verser ne compte plus ses pleurs,
Et depuis six mille ans s'habitue au mystère
De ses longues douleurs.

Poète, je m'émeus à ta voix innocente,
J'écoute et je te plains, pauvre petit enfant !
Et tandis que s'en va la foule indifférente.
Je m'arrête en rêvant.

C'est qu'avant d'épuiser cette fontaine amère,
Ces flots mystérieux si prompts à s'épancher,
Tant de pleurs couleront qu'un baiser de ta mère
Ne pourra plus sécher !

Ah ! puisse-t-elle au moins s'écouler toujours pure
Comme cette eau des cieux qui baigne le sillon,
Qui fait l'arbre plus fort et la gerbe mûre,
Et plus frais le gazon.

Car à l'homme déchu cette onde est salutaire :
C'est là que le chrétien retrempe sa vigueur,
Et l'âme bien souvent trouve un bonheur austère
Au fond de sa douleur.

Enfant, tu comprendras cette étrange parole
Si, de ton sein brisé, tu sais verser, un jour,
Sur les pieds de Celui qui frappe et qui console
Une larme d'amour.

La note grave et sévère retentit dans cette page. Elle n'est pas la seule que l'on entende dans le recueil : le timbre maternel de Marie Jenna a des caresses ; elle gazouille, elle bégaie avec ces petits êtres qui, rien qu'à se laisser aimer, disait une noble femme, donnent déjà tant de joie. Je citerai le morceau intitulé « *Cache-toi, pauvre oiseau*, » l'une des plus suaves pièces de tout le volume.

Quand une heure a sonné, quand a fini l'étude,
Quand, libres et joyeux, les enfants du hameau
Font du bruit de leurs jeux vibrer ta solitude,
Tout au fond de ton nid, cache-toi, pauvre oiseau ;

Tu gardes, doux trésor, tes fils sous ton aile ;
Les jeunes écoliers, sans écouter tes chants,
Assiégeraient ton nid comme une citadelle,
Et bientôt, jusqu'à toi, monteraient... les méchants !

Tu sentirais leur souffle et leur main menaçante,
Tu t'envolerais seule et folle de douleur ;
Puis, quand tu reviendrais, craintive et frémissante,
Tu ne verrais plus rien sous ton tilleul en fleur.

Et tes petits, vois-tu, gémiraient dans la cage ;
Puis ils mourraient sans toi. — Cache bien, pauvre oiseau,
Tes ailes dans le nid, ton nid dans le feuillage,
Quand on entend venir les enfants du hameau.

Mais si vers ton abri monte un chant plein de grâce,
Si la feuille, au bosquet, plus doucement frémit,
Si ce ne sont pas eux, si c'est Jeanne qui passe,
Mets, pour la regarder, la tête au bord du nid.
. . . .

Libres, ses blonds cheveux flottent sur son épaule ;
L'eau murmure à ses pieds ; sa tête, en s'inclinant,
Mêle une boucle d'or à la branche du saule
Qui, près d'elle, au ruisseau se baigne frissonnant.

Elle t'écoutera ; puis, un doigt sur sa bouche,
Viendra discrètement regarder tes petits ;
Car elle a si grand'peur qu'un oiseau s'effarouche,
Que jamais de tout près elle n'a vu de nids.

Mais toi, tu resteras sans crainte, si c'est elle !
Tu lui murmureras ta plus douce chanson,
Et tu verras d'en haut l'enfant rieuse et belle,
S'éloigner en semant son pain dans le buisson.

Silence ! on entend l'heure au clocher du village ;
Prends garde à ton trésor ; cache bien, pauvre oiseau,
Tes ailes dans le nid, ton nid dans le feuillage.
Une heure ! — Ils vont venir, les enfants du hameau.

Des enfants, Marie Jenna va aux mères. Elle devine ce qu'est leur cœur. On a dit que toute femme naissait avec l'instinct de la maternité. Marie Jenna trouve facilement le cri d'une âme de mère. « Ce que je n'aime pas, a-t-elle écrit de Mme de Sévigné, c'est sa légèreté à parler des désordres de son fils : ce qui fait pleurer tant de mères la fait sourire. Oh ! ce n'est pas chrétien, cela ! On ne saurait demander à toutes les mères les héroïques désolations de sainte Monique : mais qu'elles gardent au moins dans le silence de leur cœur ce qu'elles ne répandent pas en larmes devant Dieu ». J'applaudis à cette protestation indignée contre certaines licences de plume de notre grande marquise. Celle qui l'a écrite a un haut idéal de la maternité : ses vers le rendent bien. Ce qu'elle redit le plus souvent, c'est la plainte des mères en face des berceaux vides. Lisez : *Aux pauvres mères, Plus d'enfant, la Part de Dieu, la Mort d'un enfant, la Mère du missionnaire*. Les larmes suintent de ces pages amères, à la douleur poignante. Mais sur le ciel désolé la foi ouvre une éclaircie lumineuse : la grâce relève la nature, qui ploierait à elle seule, sous l'horrible fardeau.

D'autres poètes, après Marie Jenna, ont rendu les aspects intimes de l'enfant.

Cette source de la tendresse familiale, toujours rajeunie par l'émotion de chaque poète, n'a jailli jamais avec autant de rafraîchissement et de charme, dans notre littérature, que depuis vingt-cinq ans.

M. Alphonse Daudet, dont les débuts poétiques annonçaient bien le talent original, d'une sensibilité contenue et aiguë, a écrit dans les *Amoureuses,* une pièce exquise :

Enfants d'un jour, ô nouveau-nés,
Petites bouches, petits nez,
Petites lèvres demi-closes,
Membres tremblants
Si frais, si blancs
Si roses.

Enfants d'un jour, ô nouveau-nés,
Pour le bonheur que vous donnez
A vous voir dormir dans vos langes,
Espoir des nids,
Soyez bénis,
Chers anges !...

M. Jean Aicard, provençal, lui aussi, s'est montré artiste ému et délicat en écrivant la *Chanson de l'enfant.* M. de Laprade, dans le *Livre d'un Père*, a choisi le foyer domestique comme cadre à ses tableaux, qui respirent un amour mâle et et une gravité attendrie. Je nommerai encore M. Ratisbonne, avec sa *Comédie enfantine*, Mme Anaïs Ségalas, avec ses *Enfantines*, et enfin le poète d'hier, M. Achille Paysant, dont le volume *En famille* se distingue par une sincérité vibrante à célébrer les joies saintes du toit familial et conjugal.

Marie Jenna n'a point à redouter de leur être comparée.

Par la loyauté de ses convictions, par la générosité communicative de sa foi et de son talent, elle a réalisé le type du poète : son cri ardent a retenti toutes les fois qu'il fallait défendre une des causes qui passionnent les grandes âmes. Apôtre enthousiaste, témoin intrépide de la vérité, de la justice, elle a mis son âme entière au service de ces saintes et sublimes choses. A la fréquenter, on sent la terre disparaître et le ciel se rapprocher; on entre, avec elle, dans une atmosphère plus pure que l'air banal des horizons terrestres.

Multiple dans les formes diverses sous lesquelles il se présente à nous, le génie poétique de Marie Jenna reste un dans sa direction continue vers Dieu et vers Jésus-Christ.

Vocabulaire très riche, très varié; vers souples, mélodieux, faciles, au rythme charmeur et naturel; sentiment très profond et très personnel de la nature; inspirations très hautes, voilà qui, s'ajoutant aux autres mérites de Marie Jenna, fait qu'elle a droit au premier rang parmi les femmes poètes de notre siècle.

D'illustres éloges ont précédé le mien ; l'un ne fera pas oublier les autres. Quel que soit l'avenir pour elle, elle a, dans le présent, suscité de purs enthousiasmes, excité de nobles émotions, bercé d'espoirs infinis des douleurs sans merci ; elle mérite bien ce beau titre de poète, que, dans l'antiquité, portaient les devins et les prêtres : *Vates !*

FIN

Paris. — Imp. P. Mouillot, 13, quai Voltaire. — [illegible]

www.ingramcontent.com/pod-product-compliance
Ingram Content Group UK Ltd.
Pitfield, Milton Keynes, MK11 3LW, UK
UKHW021034180726
13838UKWH00004B/1785

9 782329 431246